GUÍA DE LECTURA

Escrita por Caroline Sénécal
Traducida por Laura Soler Pinson

La Eneida

de Virgilio

VIRGILIO

POETA LATINO

- **Nacido hacia el año 70 a. C. en Andes**
- **Fallecido en el año 19 a. C. en Bríndisi**
- **Algunas de sus obras:**
  - Las *Bucólicas* (42-39 a. C.), recopilación de églogas
  - Las *Geórgicas* (39-29 a. C.), poema
  - La *Eneida* (29 a. C.), poema épico

Pocos testimonios han llegado hasta nuestros días sobre la vida de Virgilio. El poeta habría nacido en torno al 15 de octubre del año 70 a. C. Solo se sabe con certeza la fecha de su fallecimiento, el 21 de septiembre del año 19 a. C., unos doce años después del ascenso al poder de Augusto. Habría empezado a componer la *Eneida* hacia el año 29 a. C. y a ello se habría dedicado hasta su muerte. Esta obra, considerada el poema más importante de la Antigüedad latina, ha sido una fuente de inspiración para una gran cantidad de autores.

LA ENEIDA

DE LA GUERRA DE TROYA A LA FUNDACIÓN DE ROMA

- **Género:** poesía (epopeya)
- **Edición de referencia:** Virgilio Marón, Publio. 2005. *Eneida*. Traducido por Javier de Echave-Sustaeta. Madrid: Editorial Gredos
- **Primera edición:** 29 a. C.
- **Temáticas:** historia, Antigua Roma, mitología, guerra de Troya

Aunque la *Eneida* es una obra encargada por el emperador Augusto, no se trata de un elogio a la corte. De hecho, Virgilio se niega a situar su epopeya histórica en un pasado cercano. El poema responde más a un proyecto moral, social y político que a una propaganda imperial. Al ensalzar el pasado glorioso de la civilización romana, el autor intenta congregar a los pueblos itálicos alrededor de las tradiciones y los valores romanos. Así, retoma la leyenda que establece una relación entre los orígenes de Roma y un fundador mítico venido de Troya, Eneas. En el plano épico, la *Eneida* sigue los pasos de este héroe, sus peripecias y su asentamiento en Italia, donde sienta las bases del poder romano.

La *Eneida* es una obra compleja y rica que también incluye una historia de amor con un tono trágico entre dos figuras que ya son míticas: Eneas y Dido.

RESUMEN

La *Eneida* está compuesta por doce cantos que alternan pasajes dedicados a las peripecias con escenas en las que la acción no progresa.

Podemos distinguir dos movimientos:

- los seis primeros cantos relatan siete años de aventuras y de errancia de Eneas, un troyano —hijo de un mortal, Anquises, y de la diosa Venus— y de sus compañeros, que buscan la tierra que el oráculo ha profetizado. Esta parte nos recuerda al viaje de Ulises, que vuelve a Ítaca tras la guerra de Troya. De hecho, algunos episodios se inspiran explícitamente en el texto de Homero (poeta épico griego, siglo VIII a. C.), la Odisea, en particular, en el episodio de los cíclopes;
- por su parte, los otros seis cantos se pueden comparar con la Ilíada: estos libros relatan las intrigas políticas y otros enfrentamientos bélicos relativos a la guerra de Troya y al asentamiento en Italia de los troyanos que sobreviven.

CANTO 1 – UNA ESCENA DE EXPOSICIÓN

Siete años después de la guerra de Troya, Eneas se ve obligado a arribar en Cartago a causa de una tormenta. Júpiter predice el asentamiento de los troyanos en Italia y la fundación de Roma. Este libro relata igualmente el encuentro entre Eneas y Dido, la reina de Cartago. Por la noche, los troyanos son invitados a un banquete en el que la reina le pide a Eneas que cuente su viaje por el Mediterráneo.

CANTOS 2-3 – LA TOMA DE TROYA Y EL PERIPLO, RELATOS EN EL RELATO

Estos dos libros conforman un relato épico de las peripecias y de las hazañas del héroe tras la caída de Troya, su ciudad natal, hasta su llegada a Cartago.

Eneas repasa en primer lugar el episodio del caballo de Troya (vv. 13-249), y el posterior saqueo de la ciudad durante la noche (vv. 250-531). Gracias a la astucia de Ulises, los griegos asaltan una ciudad dormida. Héctor se aparece en sueños a Eneas y le anuncia la caída de Troya. Le ruega que lleve a los penates (en Roma, las divinidades que protegen el hogar) y a los dioses fuera de la ciudad. Cuando Eneas se despierta, va a luchar, pero su madre lo visita y le indica que ese no es su destino. Entonces, huye con su padre, con su hijo y con los troyanos que han sobrevivido a la masacre.

Eneas se enfrenta a peligros durante el viaje. Virgilio destaca algunos episodios, como la parada en Butrinto. El interés del Libro III reside sobre todo en las predicciones que se le hacen a Eneas con respecto a su destino:

- el oráculo de Apolo en Delos revela que la ciudad que Eneas va a construir tendrá que erigirse en la tierra de origen de los troyanos;
- los penates revelan a Eneas que debe ir a la región del Lacio, tierra de origen del fundador de la ciudad de Troya;
- Celeno, una de las Harpías (divinidades funerarias),

predice que la fundación de la ciudad se hará a costa de grandes sufrimientos y hambrunas;

- Héleno, rey de Épiro, le aconseja que consulte a la Sibila y le revela que le indicará la ubicación de la ciudad una cerda que amamanta a treinta lechones.

CANTO 4 – LOS AMORES DE ENEAS Y DIDO

Dido se enamora de Eneas. Durante una tormenta, Eneas y Dido se refugian en una cueva donde consuman su amor (v. 129). Pero Júpiter envía a Mercurio hasta Eneas para recordarle su deber (v. 219). A esto le siguen la ruptura de los dos amantes y la partida de Eneas.

Los últimos 300 versos están dedicados a Dido, presa del tormento de la pasión. Maldice a Eneas por haberla abandonado y decide quitarse la vida.

CANTO 5 – ESCALA EN SICILIA Y JUEGOS FÚNEBRES

Tras salir de Cartago, Eneas se ve obligado a atracar en Sicilia, donde es recibido por el rey Alcestes, un compatriota. En esta tierra ha enterrado a su padre el año anterior. En su honor, Eneas organiza unos juegos.

Eneas decide dejar a los más débiles en Sicilia después de que Juno haya incitado a las mujeres cansadas del viaje a incendiar las naves. De acuerdo con los deseos de Neptuno, la travesía hasta el Lacio se hace pagando el precio de un hombre: el piloto Palinuro. Anquises se aparece ante su hijo y lo cita en el Infierno cuando llegue a Italia.

CANTO 6 – LA BAJADA DE ENEAS AL INFIERNO

Cuando llega a Cumas, Eneas consulta a la Sibila. La diosa predice las guerras y las pruebas que esperan a los troyanos. Eneas le pide que le lleve al Infierno a ver a su padre. Allí se encuentra con Anquises, que pasa revista a sus ilustres descendientes y revela a su hijo cómo será la historia de Roma hasta Augusto. Tras esto, el héroe vuelve a la superficie terrestre y se dirige hacia el Lacio.

CANTO 7 – LA LLEGADA AL LACIO

Eneas llega al Lacio. El rey Latino está preparado para su llegada: ha consultado a los oráculos, que le han indicado que no debe entregar su hija Lavinia a Turno, rey de los rútulos (antiguo pueblo del sur del Lacio). Ella está comprometida con un extranjero y de su unión nacerá un pueblo ilustre que está llamado a reinar. Juno envía a Alecto, una de las Furias (diosas romanas de la venganza), para que siembre la discordia entre el pueblo de Latino y el de Turno. La batalla es inevitable.

CANTO 8 – HACIA LA GUERRA

Tiberino, dios del Tíber, se le aparece en sueños a Eneas y le tranquiliza con respecto a su destino. Le incita a establecer una alianza con Evandro, rey de Palanteo. Eneas despierta y ve a la cerda prodigiosa: la sacrifica en honor Juno. Está en camino cuando ve a Evandro en plena ceremonia religiosa. Lo invitan a participar y, a continuación, van a Palanteo, donde el rey le hace visitar su palacio y la ciudad.

Eneas y Evandro se alían con los etruscos (antiguo pueblo de Italia), en plena revuelta contra el tirano Mecencio, que ha encontrado refugio en casa de Turno. Evandro pone a disposición de Eneas sus caballeros, encabezados por su hijo, Palante. Eneas recibe armas de manos de su madre.

CANTO 9 – LAS BATALLAS

Lejos de su bando, Eneas busca alianzas. Turno asedia la ciudad tras haber intentado incendiar los barcos del héroe.

A continuación se relatan varios episodios de batallas: Niso y Euríalo contra los rútulos, y Ascanio contra Numano. Turno entra en la ciudad y mata a varios hombres. Atrapado en el interior del campamento, salta al río para escapar.

CANTOS 10-11 – LA LIBERACIÓN DEL CAMPAMENTO, LA MUERTE DE PALANTE Y DE MECENCIO Y LA SEPULTURA DE LOS MUERTOS

Los troyanos todavía sufren el asedio. Eneas, avisado por una ninfa, vuelve al campamento. Mecencio y Palante son asesinados durante unas batallas de las que los troyanos acaban por salir victoriosos.

En el Libro XI, se vota una tregua por ambas partes para dar sepultura a los muertos. Eneas organiza a Palante unos funerales majestuosos. Decide proponer un combate singular a Turno. El rútulo rechaza esta idea y se reanudan las hostilidades. En medio de una batalla de caballería, entra en escena la figura heroica de Camila, reina de los volscos (antiguo pueblo de Italia que se extendía al sureste de Roma). Tarcón, jefe etrusco, la mata, y la caballería latina sufre una derrota.

CANTO 12 – MUERTE DE TURNO Y VICTORIA DE ENEAS

Turno se prepara para un combate singular contra Eneas después de que el rey Latino haya intentado convencerle de que renuncie a Lavinia y a la guerra.

Juno envía a Juturna, hermana de Turno, con la apariencia de un latino, para incitar a las tropas a que defiendan a Turno de Eneas. Se desata la batalla y Eneas es herido, pero su madre lo cura. Después, lanza la contraofensiva victoriosa. El relato se centra en las hazañas bélicas de Turno y de Eneas. El desenlace se retrasa por nuevas peripecias. Júpiter saca de escena a Juturna. Eneas y Turno se enfrentan en un combate singular. Eneas sale vencedor y mata a Turno a pesar de sus súplicas.

ESTUDIO DE LOS PERSONAJES

ENEAS

Eneas es el héroe principal del poema. Hijo de un mortal, Anquises, y de la diosa Venus, es de origen noble y representa al héroe épico por excelencia. Es un hombre valiente y un guerrero audaz: lucha con valor y realiza hazañas sorprendentes. Sus compañeros lo describen afirmando que «más justo que él no hubo otro, ni de mayor piedad, ni más grande en la guerra y las armas» (Libro I, vv. 544-549). De hecho, en numerosas ocasiones se le compara con otros héroes mitológicos e, incluso, con dioses. Como jefe responsable, está totalmente comprometido con su deber y sitúa los intereses colectivos por delante de los suyos propios. Así, sacrifica su amor por Dido para completar su misión. Se nos presenta también como un héroe apoyado por los dioses, cuyas predicciones le prometen un gran destino.

Pero el personaje de Eneas no se resume solo en este héroe sobrehumano. Se trata de una figura mucho más compleja, que presenta igualmente una dimensión humana. Efectivamente, en varias ocasiones en la obra, duda, se lamenta de su suerte, se ve asaltado por los remordimientos por el final dramático de su relación amorosa con Dido (Libro IV, vv. 393-396) o es reacio a la guerra (Libro XI, vv. 106-111). Su historia de amor con Dido es un símbolo de esa dimensión humana: Eneas deja de ser un héroe, olvida su deber y su misión, y se muestra como los otros, sensible al amor y a los encantos femeninos.

Eneas encarna el ideal y los valores ancestrales romanos: *fides* (fidelidad, respecto a la palabra dada, lealtad), *pietas* (piedad, devoción, patriotismo, deber), *majestas* (sentimiento de superioridad natural, de pertenencia a un pueblo elegido), *virtus* (valentía, actividad política), *gravitas* (respeto de la tradición, dignidad, autoridad). De hecho, en este sentido debemos analizar su respeto hacia los deberes religiosos y hacia las costumbres romanas (¿acaso no se le llama «Eneas, el piadoso»?). También por esta razón Virgilio, por una parte, esconde la presencia de Eneas en la cueva cuando se produce el acto carnal y por otra, no se ensaña con el héroe cuando abandona a Dido. Para los romanos, se consideraba que un segundo matrimonio era un acto depravado. Así, estaba claro que las intenciones conyugales de Dido debían frustrarse. Virgilio recalca de esta manera la espiritualidad y la grandeza de Eneas, héroe respetuoso de los valores romanos, que no duda en abandonar un amor sincero para seguir con su misión.

Eneas es un héroe civilizador, fundador de una célebre ciudad y garante de los valores morales romanos.

DIDO

El personaje de Dido difiere de los modelos femeninos romanos habituales. El poeta no nos describe a una matrona romana que se quita la vida por honor, sino que convierte a la reina en un personaje trágico. Así, Dido representa la pasión mortífera, la mujer abandonada que se suicida: «Infeliz Dido». A lo largo del canto 4, Dido y Eneas se construyen por oposición: ella representa al amor pasional y él, al espiritual.

De hecho, recalcamos la oposición de los campos léxicos de la luz y de la sombra, del orden y del desorden, etc.

El personaje de Dido ha alcanzado una gran fama posteriormente y ha sido retomado por numerosos escritores y artistas (cf. *Dido y Eneas*, ópera de H. Purcell, 1689). Se ha convertido en un personaje mítico.

TURNO

Enemigo de Eneas, Turno es también un héroe épico. Es un guerrero audaz, al que se compara con el dios Marte en el Libro VIII. Podemos encontrar varios relatos con sus hazañas. Se trata igualmente de un héroe piadoso que posee una moral y unas costumbres que se ajustan al ideal romano (gesto ritual de la declaración de guerra, Libro IX). Por lo tanto, es un guerrero digno de Eneas. De hecho, encontramos la analogía con el troyano hasta en las armas: su espada, al igual que el escudo de Eneas, ha sido fabricado por Vulcano.

Por el contrario, en el plano humano, Turno es inferior a Eneas, o incluso opuesto. Se muestra cruel cuando mata a Palante, mientras que Eneas está lleno de dudas y de compasión cuando mata al joven Lauso (Libro X, vv. 501-509). Es impulsivo, y a menudo es presa de arrebatos de rabia y de ira. Así, los dos héroes se construyen por oposición cuando preparan el combate: Virgilio describe a un Eneas sereno y a un Turno frenético. Debemos señalar, además, que Turno es también un héroe abandonado por los dioses.

LOS DIOSES

Los dioses desempeñan un papel esencial en la obra de Virgilio: ellos dirigen el porvenir de la humanidad. El destino de los hombres está sometido a su voluntad, a sus alianzas y a sus desencuentros. Juno participa en la caída de Troya y lucha contra la realización del destino de Eneas, y la causa es una disputa con Venus, la madre del héroe (mito de la manzana de la discordia). Así, la terrible diosa desencadena tormentas durante todo el viaje de Eneas o envía a dioses secundarios para retrasar la fundación de Roma. La intervención divina en las acciones humanas responde a un motivo dramático característico de la epopeya, pero se trata igualmente de una creencia religiosa demostrada en la época de Virgilio.

Durante todo el poema, también se da una importancia particular a los oráculos, a las predicciones y a otras señales divinas: Anquises se niega a irse hasta que no reciba señales divinas, un oráculo revela a Latino que debe casar su hija con un extranjero, Eneas reconoce en la aparición de las armas una señal de su madre, etc. Encontramos otros fenómenos más implícitos que anticipan la misión de Eneas y la realización de su destino: Venus para el gesto homicida de Eneas contra Helena (Libro I, vv. 567-588), la visita de Héctor en sueños, la de Creúsa o la de Anquises. Hemos de señalar también que los propios dioses narran algunas escenas, lo que reafirma la idea de que los hombres están sometidos a su destino.

CLAVES DE LECTURA

EL GÉNERO DE LA EPOPEYA

La epopeya es el género literario más prestigioso en la tradición clásica. Se trata de un largo poema narrativo en el que se entremezclan historia y leyenda, y en el que se celebran las hazañas de un héroe que debe superar pruebas morales y físicas antes de alcanzar el objetivo que se ha fijado. Este género presenta unas características generales que encontramos igualmente en la obra de Virgilio:

- tal y como recuerda Aristóteles en la Poética, la epopeya supone «nobleza y grandeza de los personajes» —Eneas es el hijo de una diosa y pertenece a un linaje de héroes—, acción —los héroes realizan hazañas fuera de lo común y tienen un destino excepcional— y estilo —Virgilio adopta de buen grado un estilo grandilocuente y un tono grave y solemne;
- la epopeya conlleva una dimensión sobrenatural y maravillosa que se presenta, por ejemplo, en forma de intervención divina en los asuntos humanos, como sucede en la Eneida;
- la dimensión política también está presente en la medida en que la epopeya repasa generalmente el itinerario de un héroe guiado por la obligación del deber. A menudo, la misión que le atañe está en relación con el nacimiento de un pueblo. En la Eneida, Eneas es el encargado de la fundación de Roma;
- la retórica de la epopeya está extremadamente codificada: dado que sus orígenes se encuentran en la tradición

oral, la mayoría de los autores épicos emplean una poesía expresiva, gráfica. De acuerdo con la tradición, Virgilio emplea con mucha frecuencia las figuras de estilo relacionadas con la amplificación: acumulaciones, enumeraciones, repeticiones, etc. Por ejemplo, en el Libro V, nos ofrece una descripción detallada de las pruebas deportivas, en el Libro VII, repasa el catálogo de las tropas, y en los Libros IX y X, enumera las abundantes proezas de los guerreros. El poeta no duda en exagerar las hazañas de los héroes, y en darle valor a sus personajes mediante superlativos o hipérboles, mediante la descripción con imágenes y con comparaciones laudatorias, etc. Compara a menudo a los héroes con los dioses, con animales o con fuerzas de la naturaleza. Por ejemplo, compara a Eneas con Apolo cuando parte a la caza (Libro IV, v. 141 y siguientes), y a Turno con un lobo (Libro IX, v. 66).

UNA HISTORIA DE AMOR AL SERVICIO DE LA EPOPEYA

El Libro IV constituye una pausa en la epopeya: Eneas para de forma temporal en Cartago y allí conoce a Dido. Se trata de un momento importante de la obra, puesto que el autor contrapone amor y deber, individuo y colectivo, dioses y responsabilidad humana. Este canto marca igualmente la inserción del elemento trágico en la epopeya.

 Virgilio, en efecto, emplea los códigos de la tragedia:

• para empezar, la progresión de los sentimientos es fiel a la que observamos en las grandes tragedias: la irrupción del sentimiento en Dido; la confesión a Ana y el reconocimiento de este amor; la fase de amor feliz caracterizada por el olvido de los deberes; la crisis pasional marcada por el sufrimiento y la autodestrucción; el golpe de efecto (partida de Eneas); el suicidio de la reina;

- de acuerdo con la regla de las tres unidades (unidad de tiempo, de lugar y de acción), el tiempo está comprimido (los viajes de Eneas duran años enteros, mientras que su estancia en Cartago no pasa de los tres meses y, a partir de la confesión del amor, los acontecimientos se precipitan), la acción se desarrolla en su mayoría en el palacio y se centra en la historia de amor entre los dos héroes;

- la pasión está ligada al sufrimiento. De hecho, el lenguaje poético subraya el carácter nefasto de la pasión: así, encontramos los campos léxicos de la herida física y moral, de la locura, de la violencia y de la ira. Se compara a menudo a Dido con animales, con bacantes (adoradoras de Baco) o con otras figuras míticas que simbolizan la ruptura con el mundo civilizado y que recuerdan la brutalidad de la pasión amorosa. El amor de Dido también se expresa a través de la imagen del fuego que sugiere el calor del deseo. Dentro de la ficción, los discursos de los otros personajes orientan al lector hacia una interpretación de la pasión en la que se nos presenta como un desajuste condenable, y participan así en la catarsis. Tal y como ocurre en la tragedia, el episodio desempeña aquí un papel de purgación de las pasiones nefastas: al presentar a un héroe sabio que condena el comportamiento irracional de Dido y que da prioridad a su misión y al deber, el autor intenta difundir una cierta moral y regular los comportamientos de los lectores;

- Virgilio saca a escena un conflicto que encontramos frecuentemente en las grandes tragedias: el que se establece entre amor y deber. Cuando Eneas escoge su misión, reafirma la primacía del deber moral y social sobre la pasión. Acaba con el desorden y da la posibilidad a sus compañeros para volver al cometido. Ahí es cuando se puede retomar la epopeya. Dido se sacrifica en pos de una lógica narrativa que quiere ensalzar a Roma;
- el desenlace es trágico: Dido se quita la vida con fuego. La desaparición trágica del héroe está a menudo vinculada a la transgresión de algo prohibido: Dido transgrede una regla social, la de la fidelidad a su primer esposo, cuando contempla casarse con Eneas. Por lo tanto, debe también contemplar la muerte a la luz de este acto culpable. Su suicidio le permite redimirse de su falta.

UN VIAJE INICIÁTICO

El viaje de Eneas no es solo geográfico, sino que también es interior, y esto sugiere un paralelismo entre la búsqueda de la tierra y la búsqueda de sí mismo. De hecho, la búsqueda de la tierra prometida tiene como objetivo último el nacimiento de un pueblo. Por lo tanto, se trata casi de un tema identitario. El personaje de Eneas evoluciona a lo largo del poema: hay un contraste entre Eneas al principio y al final de la obra. Al principio, durante el episodio del caballo de Troya, se muestra ingenuo y preparado para llevar a cabo actos poco gloriosos, como el asesinato de Helena. Después, durante su trayecto por el mar, implora a los dioses, dudando de su destino (Libro I, vv. 92-101): se nos presenta entonces como un héroe por pulir. Cuando, en mitad de la tormenta, rememora a los guerreros legendarios de Troya, de alguna manera ya se nos anuncia en qué se convertirá a lo largo de la aventura. A medida que va viviendo peregrinaciones y peripecias, el héroe se vuelve más fuerte, tiene cada vez más confianza en sí mismo y cree en la realización de su misión. En el Libro X, está seguro que ganará la batalla contra Turno.

El poema se construye como una novela de aprendizaje. El trayecto de Eneas está poblado de etapas y de pruebas, tanto morales como físicas, de las que puede aprender. Una de las primeras pruebas que afronta es la muerte de Anquises, lo que le permite a Eneas adquirir el estatus de hombre y de futuro patriarca. La muerte de su nodriza cuando entra en Italia es también simbólica. De hecho, en cada etapa, Eneas pierde a uno de sus compañeros o a un ser querido (Creúsa, Anquises, Dido). Así, podemos leer entre líneas que para cumplir el destino e ingresar en el mundo adulto, debemos sufrir pérdidas y dolores. La prueba final: Cartago, donde evita la tentación de ser retenido por amor.

Su evolución es a la vez guerrera, espiritual y amorosa:

- lucha muy poco durante la guerra de Troya, pero en la segunda parte del poema, realiza una gran cantidad de proezas: se convierte en un guerrero valiente y audaz, y sale vencedor de su combate contra Turno;
- aun cuando Eneas, como figura del ideal romano, es plenamente consciente de sus deberes hacia los dioses (omnipresencia de escenas religiosas), el poema se preocupa de la formación espiritual del héroe (contactos frecuentes con los oráculos, episodios de la bajada al Infierno y de los juegos en honor a Anquises, etc.);

- Eneas ha sabido resistir a los tormentos de la pasión, ha analizado su problema y ha vivido un amor sin excesos.

PISTAS PARA LA REFLEXIÓN

ALGUNAS PREGUNTAS PARA PROFUNDIZAR EN SU REFLEXIÓN...

- ¿En qué medida el amor cantado en la elegía romana se opone al amor trágico representado en la *Eneida* en el Libro IV? Básese en las *Bucólicas* y en las *Geórgicas*.
- Con el personaje de Dido aparece un mito literario: el de la mujer locamente enamorada que, abandonada por su amante, acaba suicidándose. ¿Hasta qué punto podría compararse con las grandes figuras trágicas racinianas, como Fedra o Andrómaca?
- ¿Cuál es el papel de los dioses en esta obra?
- Virgilio toma prestada de Homero la estructura de sus poemas, también algunos versos e, incluso, algunas técnicas literarias, como el relato en el relato. Al igual que el poeta griego, también hace referencia a la mitología y a genealogías fabulosas. Identifique el intertexto homérico. ¿Cuál es su papel en la epopeya virgiliana?
- La bajada al Infierno (Libro VI) es una evocación poética de las creencias populares, de los mitos y de las reflexiones filosóficas en torno a la cuestión de la vida después de la muerte. Indíquelas en este pasaje.
- ¿Qué aspectos convierten esta epopeya en una novela de aprendizaje?
- Describa el estilo de Virgilio.

¡Su opinión nos interesa!
¡Deje un comentario en la página web de su librería en línea,
y comparta sus favoritos en las redes sociales!

PARA IR MÁS ALLÁ

EDICIÓN DE REFERENCIA

- Virgilio Marón, Publio. 2005. *Eneida*. Traducido por Javier de Echave-Sustaeta. Madrid: Editorial Gredos.

ESTUDIOS DE REFERENCIA

- Constans, Lèopold-Albert. 1938. *L'Énéide de Virgile. Étude et analyse*. París: Librería Mellottée.
- Dion, Jeanne. 1993. *Les passions dans l'œuvre de Virgile. Poétique et philosophie*, Nancy: Presses Universitaires de Nancy.
- Grimal, Pierre. 1963. *L'Amour à Rome*. París: Hachette.

Resumen Express.com